Cent enfants imaginent

comment changer le monde

Une idée de Jennifer Couëlle

Illustrations de Jacques Laplante

Hi, hi, tu me chatouilles !

Fais de ta vie un rêve, et d'un rêve, une réalité.
Antoine de Saint-Exupéry

Ce livre est un ouvrage témoin des rêves de cent enfants. Cent enfants d'origines ethniques et culturelles diverses. Cent enfants qui se sont prêtés au jeu d'imaginer. Ils ont répondu à une même question : Si tu pouvais faire quelque chose pour changer le monde, que ferais-tu ?

J'écris depuis plusieurs années pour les enfants. Dans chaque livre, je leur propose ma voix. Cette fois, j'ai voulu entendre la leur. J'ai voulu leur donner la parole, et ils l'ont prise.

Au moment où ils ont livré leurs réponses, ces enfants avaient en commun de vivre dans la métropole multiculturelle de Montréal et d'être âgés de cinq à neuf ans.

Entre 2010 et 2012, j'ai interrogé individuellement cent cinquante enfants – dans les écoles Saint-Ambroise, Félix-Leclerc, Barthélemy-Vimont et Buissonnière, au YMCA de l'avenue du Parc et chez des amis. J'ai retenu cent réponses. Celles qui m'ont paru les plus probantes. Non pas en vertu d'un objectif prédéfini, mais pour leur fraîcheur, leur authenticité et leur poésie.

Pourquoi cent ? Parce que le nombre cent est celui qu'on apprend à conquérir à la maternelle et qui nous fait basculer dans le monde des grands.

J'ai recueilli ces réponses auprès d'un groupe d'âge où la nécessité de se définir compose toujours avec le merveilleux d'exister. C'est l'âge où l'on a encore la fantaisie de vouloir fabriquer des glaçons géants pour avoir moins chaud l'été, de vouloir voler pour voir les étoiles de près. C'est aussi l'âge où l'on dit sans les nommer les épreuves de la vie. Je pense entre autres au déracinement, évoqué ici par le souhait de coller tous les pays ensemble ou de les changer de place.

Bien que singulières et le plus souvent imagées, les réponses présentent néanmoins quelques thèmes communs : l'environnement, dont il faut s'occuper et se préoccuper ; l'irrépressible envie de sucreries ; le désir de voir le monde à l'envers ; le besoin de paix ; l'amour des animaux ; la joie de jouer ; l'aide et la compassion ; l'envie de couleurs ; l'abolition de frontières et le déplacement de pays ; l'amitié ; la maison ; le cosmos ; etc.

Jouer à changer le monde n'est pas un jeu sérieux, mais c'est un jeu auquel les enfants se sont prêtés avec sincérité. Et c'est la sincérité de ces jeunes paroles que je vous invite à découvrir. Jacques Laplante les a illustrées avec la poésie, l'humour et la délicatesse qui leur siéent.

Je tiens à exprimer ma gratitude envers tous les enfants qui m'ont accordé leur précieuse attention. Leurs regards, leurs voix m'ont profondément touchée. M'asseoir plus de cent fois devant un nouvel enfant, unique et pleinement présent, pour l'écouter me raconter comment il ou elle réinventerait le monde a été une des expériences les plus humaines de ma vie.

Je remercie aussi pour leur appui Linda Labrie, Myriam Gagnier, Leo Argüello et les enseignantes Caroline Préfontaine, Anne-Marie Mainville, Marie-Geneviève Bergeron, Lise Giunta, Francine Dépatie, Monique Girard et Mélanie Bolduc.

Jennifer Couëlle

Si tu pouvais faire quelque chose pour changer le monde, que ferais-tu ?

Moi, moi !

J'arrêterais le soleil de brûler la Terre et je le remplacerais par un soleil artificiel qui donnerait de la chaleur.

FÉLICITÉ
9 ANS

Je ferais parler les animaux.

SIMON
9 ANS

...et des cornichons !

Je voudrais un méga sandwich...

Je ferais qu'on puisse voler,
parce que j'aimerais ça voir
les étoiles de près.

DAHLIA
6 ANS

Je n'habiterais plus dans un immeuble, mais dans une maison où je pourrais avoir un chien.

SORAYA
8 ANS

Je mettrais toute la ville multicolore, sauf le noir et le gris.

LÉA
5 ANS

Je tournerais
le monde
à l'envers,
même les
planètes,
l'univers aussi.

LUDO
6 ANS

Je mettrais
ça plus
confortable.

MARGAUX
5 ANS

Je ferais qu'on utilise
toujours les deux côtés
d'une feuille de papier,
parce que le papier
tue les arbres et on
a besoin des arbres
pour respirer.

SIENNA
7 ANS

J'irais voir la lune.

ALEXANNE
6 ANS

Je mettrais de l'eau pour faire pousser plein d'arbres, parce qu'on peut respirer avec les arbres.

VICTOR
6 ANS

Je jouerais toujours avec mes meilleurs amis. XAVIER 7 ANS

Je sauverais l'Afrique.

THOMA-PIERRE 5 ANS

Je jouerais avec un dragon pour faire venir la fumée et le feu, parce que ça serait vraiment beau.

FAIYAZ
6 ANS

Je ferais un échange entre un pays qui n'a pas de nourriture et un autre qui en a.

ROMAYSAE
7 ANS

Je me rendrais invisible.

BRAD-LEE
6 ANS

Je ne changerais pas vraiment le monde, mais je ferais que quand le monde va exploser — parce que tu sais qu'il va exploser dans je ne sais pas trop combien d'années —, on pourra vivre sur une autre planète.

SOPHIA
7 ANS

Je ferais que tous les pays aient beaucoup d'eau de la mer.

LINA
8 ANS

La paix.
Je répandrais la paix
dans le monde.

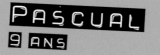

PASCUAL
9 ANS

Je prendrais la paix,
et j'irais pêcher
des poissons.

(qui était tout près
de Pascual quand il
a répondu)

Je changerais de
place les pays,
pour ne plus qu'il
y ait de personnes
qui fassent la
guerre.

Jouer. Je ferais jouer tout le monde.

ALEXANDRA
6 ANS

Je transformerais le monde en bonbon géant.

FRÉDÉRIQUE
9 ANS

Je ferais que quand quelqu'un veut mentir, il va dire la vérité sans le savoir.

YORDANOS
8 ANS

Je prendrais soin des animaux.

IHAB
7 ANS

Je ferais des gros glaçons pour enlever la chaleur l'été quand il fait très chaud.

SAAD
8 ANS

Peut-être que je pourrais aller dans des pays pauvres et donner beaucoup de choses à manger et planter plus d'arbres.

8 ANS

Schluuurp!

J'arrêterais les tornades et les tsunamis.

ALEXANDROS
8 ANS

Je donnerais de l'argent aux pauvres.

ABY
9 ANS

Je ferais que tous les amis dans le monde vivent plus près les uns des autres.

HANA
7 ANS

Je ramasserais tous les déchets du monde et je les mettrais à la poubelle.

PETER
7 ANS

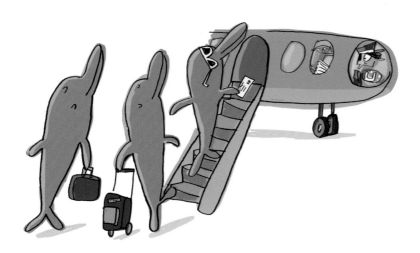

Je mettrais des dauphins dans toutes les mers du monde.

MARC
7 ANS

J'enlèverais la Terre pour voir ce qu'il y a en dessous.

HUSSEIN
7 ANS

Je ferais apparaître plus de neige; c'est très beau, le blanc.

VESSÈLINA
6 ANS

Je travaillerais avec les mots.

SUKHRAJ
6 ANS

Je ferais qu'on évite de prendre la voiture l'été.

ROMAIN
8 ANS

Je reculerais le temps pour avoir plus de temps chez moi le matin.

BENJAMIN
8 ANS

J'enlèverais toutes les petites boules de planètes, juste les petites, je les laisserais chez moi et je les regarderais grandir tout le temps. Après, quand elles seront grandes, je les remettrais dans le ciel.

FILZA
6 ANS

Je ferais de la magie pour faire apparaître plein de bonbons.

LÉONIE
5 ANS

Je sauverais les animaux dans le Grand Nord, parce qu'il y a des Inuits qui les chassent, et j'aime mon Grand Nord.

MIAYI
6 ANS

J'aurais tous les pouvoirs du monde. Je ferais un environnement propre, de l'air propre, et je laverais tout pour qu'il n'y ait personne de malade et pas de grippes contagieuses qui peuvent tuer.

ZACHARIAH
7 ANS

Je ferais un monde sans guerre, où tout le monde vit dans de bonnes conditions.

AMIRA
9 ANS

Je nous ferais avoir des Amérindiens.

NOÉ
6 ANS

Je ferais des pancartes pour protéger la nature.

CHARLOTTE
9 ANS

CLic!

Bon

Méchant

Je crois que je voudrais faire disparaître la méchanceté dans les êtres humains.

VARVARA
8 ANS

PARLER aux PLANTES

Je ferais grandir les plantes pour qu'il y ait plus de choses à manger.

HASAN
7 ANS

Je ferais de la crème glacée le dimanche, parce que c'est bon.

BRICE
8 ANS

FAYTH
7 ANS

J'aiderais les grands-papas et les grands-mamans quand ils marchent doucement. Je leur dirais : «Fais vite pour ne pas que la voiture te cogne!»

Je ferais que le monde soit tout en bonbon.

MAYSSA
7 ANS

Je ferais venir ma grand-mère chez moi, parce que je l'aime.

HILEN
7 ANS

Grandir. Je serais grande pour pouvoir aider mes parents quand ils seront vieux.

PARDEEP
8 ANS

J'inventerais une voiture sans fumée. Elle serait carrée. ELIAS
8 ANS

Je ne sais pas ce que je ferais, mais j'aimerais bien qu'on arrête de couper les arbres.

GENEVIÈVE
8 ANS

J'aimerais qu'il y ait plein de planètes Terre, pour qu'on puisse vivre sur plusieurs planètes à la suite l'une de l'autre.

FLORENCE
7 ANS

Boïng !

Je ferais du bien
à la planète.

ORÉLIE
5 ANS

J'irais en voyage
en Angleterre
pour apprendre
l'anglais.

You ballon
with me ?

ISMAIL
6 ANS

Je changerais tous
les pays de place.
Je mettrais le Québec
dans le Maroc et le
Maroc ici.

SARAH
6 ANS

J'inventerais quelque
chose qui vole, comme
une soucoupe volante,
et qui pourrait changer
plein de choses, comme
transformer un
immeuble en
maisons
séparées.

MAISONMATIC
3000

ÉDOUARD
8 ANS

BANQUE DE ~~COMMERCE~~ JOUETS

C'est pour ouvrir un compte?

Je changerais tous les dollars en jouets.

SACHA
6 ANS

Je sauverais l'environnement, parce que tout le monde pollue, et ça cause beaucoup de problèmes à la Terre, et j'aimerais bien qu'elle survive.

MAXWELL
8 ANS

Hibalinataminalouisoussamalianna

Je changerais mon prénom pour en avoir un plus long.

HIBA
7 ANS

c'est la première partie !

Je ferais un livre avec des princesses, elles ont une belle vie.

SAFOORAHBIBI
6 ANS

Je deviendrais un super-héros pour enlever les gens méchants.

Êtes-vous un méchant ?

JASON
6 ANS

J'enlèverais les déchets dans la rue, pour ranger le monde et pour ne plus que les animaux meurent, et pour laisser le monde normal.

NOÉ
6 ANS

Je ferais des cadeaux à tous les amis de ma classe.

WILLIAM ALEXIS
6 ANS

Je ferais enlever ce qui pollue la Terre, parce qu'il y a des animaux en voie de disparition à cause de ça.

NOURANE
9 ANS

Je ferais tourner la Terre à l'envers.

DAPHNÉ
6 ANS

Hi, hi, tu me chatouilles !

Je remplacerais les voitures à gaz par des voitures électriques, et j'aurais des graines pour planter des arbres partout, parce qu'on utilise beaucoup de papier pour écrire, et le papier vient des arbres et les arbres nettoient l'air.

7 ANS

Je resterais toujours à l'école.

ARNAUD
6 ANS

J'aiderais les gens. Comme, si quelqu'un tombe, je l'aiderais à se relever.

Allez Hop !

AMINE
6 ANS

J'échangerais les pays de place pour voir toutes les villes des différents pays.

ELLIYASS
6 ANS

J'aurais un peu plus d'amis.

JUSTIN
5 ANS

Je mettrais le monde dans un grand jardin avec des statues qui parlent.

RHÉYA
7 ANS

Je connaîtrais tous les chiffres.

KENT
6 ANS

Je collerais tous les pays ensemble.

LAURIANE
6 ANS

Je ferais lever ma maison, parce que s'il y avait une bataille à côté, je la lèverais et je la mettrais dans un autre pays.

MATHIS
5 ANS

Je mettrais des fleurs partout.

HANNAH
6 ANS

Je sauverais les animaux et je mettrais le monde en paix.

KAYE CELINE
9 ANS

J'enlèverais
les voitures
et je mettrais
des bicyclettes.

Je conduirais une voiture de course bleu et rouge jusque dans mon pays, en Albanie.

ALESIO
6 ANS

Je serais plus gentille avec les gens.

Ça c'est gentil !

HADJER
7 ANS

Je mettrais de la neige au Maroc.

TAHA
6 ANS

Je fermerais
les écoles et les bonbons
seraient gratuits.

Tout serait
en sucreries.

CINTA
8 ANS

NESS DAELA
7 ANS

Je tournerais la Terre
à l'envers pour que les
gens aient les pieds en
l'air et la tête en bas,
ça serait très drôle.

Je ferais disparaître
tous les déchets, pour
qu'il n'y ait plus de
pollution.

DELPHINE
8 ANS

GOBEDECHET
XT 5320

J'interdirais de polluer. Pas complètement, mais en partie. Je ferais un petit endroit avec les voitures et les magasins, puis tout le reste serait sans pollution.

SALOMÉ
8 ANS

Je pourrais vivre sous l'eau, pour pouvoir nager et respirer sans équipement, juste comme ça, parce que j'aime beaucoup les animaux, surtout les poissons.

VINCENT
8 ANS

Je changerais de maison, parce que la mienne est trop petite.

AMREEN
7 ANS

J'inventerais des broches qui ne font pas mal aux dents.

LEAH
7 ANS

Je collerais deux voitures ensemble, pour avoir un papa avec un enfant dans une voiture, et une maman avec un enfant dans une autre – ça ferait une vitesse maximale.

MATTÉO
5 ANS

J'enlèverais la violence et j'éliminerais la pauvreté.

MAZINE
9 ANS

POUT! POUT!

TUT! TUT!

POUET! POUET!

Je demanderais à mon père de moins rouler, parce que depuis quelque temps il utilise son auto tous les jours.

ÉLOÏSE
9 ANS

Je changerais la
couleur des nuages,
je les mettrais
multicolores.

Je mettrais des jouets partout, même dans le ciel.

NIKOLA
7 ANS

Boink!

Je ferais partir la peur et les ténèbres, il n'existerait plus rien de ce qui fait peur.

PETER
8 ANS

J'essaierais de ramener la paix et le calme partout dans le monde.

SARA MILI
8 ANS

Je changerais ma chambre, pour avoir une chambre rangée.

VICTORIA
5 ANS

J'agrandirais la Terre pour qu'il y ait plus d'espace pour inventer un autre pays et pour construire une autre ville, comme ça tout le monde aurait une maison.

YOUSRA
7 ANS

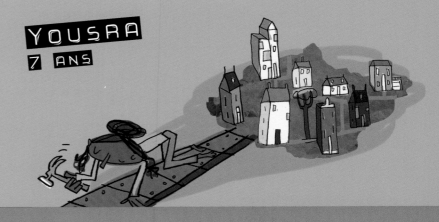

Pour parler au père Noël, faites le "2"...

J'appellerais le père Noël, et je lui demanderais à lui de changer le monde.

JEANNE

6 ANS

Catalogage avant publication de Bibliothèque et Archives nationales du Québec et Bibliothèque et Archives Canada

Vedette principale au titre :

Cent enfants imaginent comment changer le monde

ISBN 978-2-89714-009-0

1. Enfants - Citations. I. Couëlle, Jennifer. II. Laplante, Jacques, 1965-   .

PN6328.C5C46 2013   084'.1083   C2012-942097-2

Design graphique : Andrée Lauzon
Révision : Michel Therrien

© 2013, Les Éditions de la Bagnole,
Jennifer Couëlle et Jacques Laplante
Tous droits réservés

ISBN 978-2-89714-009-0

Dépôt légal : 1er trimestre 2013
Bibliothèque et Archives
nationales du Québec
Bibliothèque et Archives Canada

GROUPE VILLE-MARIE LITTÉRATURE
Vice-président à l'édition : Martin Balthazar

LES ÉDITIONS DE LA BAGNOLE
Éditrice et directrice littéraire :
Jennifer Tremblay

Groupe Ville-Marie Littérature inc.
Une société de Québecor Média
1010, rue De La Gauchetière Est
Montréal (Québec) H2L 2N5

Tél. : 514 523-1182
Téléc. : 514 282-7530
info@leseditionsdelabagnole.com
leseditionsdelabagnole.com

Nous reconnaissons l'aide financière du
gouvernement du Canada par l'entremise
du Fonds du livre du Canada (FLC) pour
nos activités d'édition.

Nous remercions le Conseil des arts
du Canada de l'aide accordée à notre
programme de publication.

Les Éditions de la Bagnole bénéficient
du soutien financier de la Société de
développement des entreprises culturelles
du Québec (SODEC) pour leur programme
d'édition.

Gouvernement du Québec – Programme
de crédit d'impôt pour l'édition de livres –
Gestion SODEC

DISTRIBUTION EN AMÉRIQUE DU NORD

Canada et États-Unis
Messageries ADP*
2315, rue de la Province
Longueuil (Québec) J4G 1G4
Pour les commandes : 450 640-1237
messageries-adp.com

*Filiale du groupe Sogides inc. ;
filiale de Québecor Média inc.

DISTRIBUTION EN EUROPE

France
INTERFORUM EDITIS
Immeuble Paryseine
3, Allée de la Seine
94854 Ivry-sur-Seine Cedex
Pour les commandes : 02.38.32.71.00
interforum.fr

Belgique
INTERFORUM BENELUX SA
Fond Jean-Pâques, 6
1348 Louvain-La-Neuve
Pour les commandes : 010.420.310
interforum.be

Suisse
INTERFORUM SUISSE
Route A.-Piller, 33 A
CP 1574
1701 Fribourg
Pour les commandes : 026.467.54.66
interforumsuisse.ch

Imprimé au Canada